P. GARDEY

Anglophilie Gouvernementale

MANŒUVRES DES PROTESTANTS

A Tahiti et à Madagascar

PARIS

CHAMUEL, ÉDITEUR

5, Rue de Savoie, 5

—

1897

MANŒUVRES DES PROTESTANTS
A Tahiti et à Madagascar

Anglophilie Gouvernementale

MANŒUVRES DES PROTESTANTS

A Tahiti et à Madagascar

PARIS

CHAMUEL, ÉDITEUR

5, Rue de Savoie, 5

1897

A Monsieur Isidore CHESSÉ

Ancien Gouverneur de Colonies
Délégué de Tahiti
au Conseil supérieur des Colonies

Cuique suum.
(A chacun ce qui lui est dû.)

En publiant ce travail écrit avec une grande sincérité, atténuant plutôt qu'aggravant les faits, sans parti pris politique ou religieux, nous n'avons qu'un but : signaler à l'opinion publique un danger qu'il faut éviter, s'il en est temps encore.

Les agissements en France des méthodistes français et leurs manœuvres à Tahiti nous mettront en garde contre ceux qui, déjà à Madagascar, ont apporté le trouble et servi la révolte.

Qu'on ne l'oublie pas, ministres du culte anglais et français, sous un même drapeau confessionnel, forment une secte politico-religieuse marchant au même but.

Dans ces deux colonies, pour ne parler que d'elles, qui dit protestantisme dit anglicanisme ; et poursuivre les sectaires qui, sous le couvert du nom français, travaillent pour le plus grand bien de l'Angleterre, est faire œuvre patriotique.

Que nos gouvernants soient complaisants par faiblesse ou ignorance, ils n'en sont pas moins coupables et l'opinion les jugera sévèrement.

AU LECTEUR

Dans son numéro du 7 juillet 1896, le *Progrès de la Côte-d'Or* publiait, sous la signature de son Rédacteur en chef, l'article suivant :

LA VISITE DU PASTEUR

Mes derniers articles sur Madagascar m'ont valu la visite d'un pasteur protestant que je ne nommerai pas, pour ne pas lui donner la satisfaction de transformer en prêche les colonnes de ce journal, plutôt libre-penseur.

Nous avons eu ensemble une conférence de près d'une heure sur l'influence du protestantisme dans notre nouvelle colonie.

Je ne dis pas, car je croirais faire injure à ses sentiments de Français, que mon interlocuteur a voulu prendre en mains la défense des pasteurs anglais, qui comprennent si étrangement le caractère de leur évangélique mission.

Mon interlocuteur me les abandonne. Et je lui en sais infiniment gré. Tout en constatant qu'en vérité il eût été bien difficile, même à un confrère en religion réformée, de soutenir ces prêtres prêcheurs de révoltes, et qui semblent avoir encore plus de vocation pour le commerce des homicides balles que pour celui des bibles saintes.

Ce dont mon visiteur a tenu à m'assurer, ce dont il a voulu que je fusse parfaitement convaincu, c'est des sentiments de chaleureux patriotisme dont le protestantisme français est animé profondément.

Je ne sache pas que, dans mes articles, j'aie jamais dit quoi que ce fût, qui pût faire croire que je mettais en doute le patriotisme de mes concitoyens de la religion réformée. Le patriotisme heureusement, en notre pays si divisé à tant d'autres points de vue, n'est l'apanage exclusif d'aucune religion ni d'aucun parti. Nous sommes tous patriotes, parce que nous sommes Français, et que la France est faite du plus pur sang de nos ancêtres. Etre patriotes, pour nous tous, fils de ce généreux et chevaleresque pays, c'est être nous-mêmes. Et vraiment, je n'avais pas besoin de la conférence de mon obligeant visiteur, pour m'incliner devant cette vérité si peu difficile à découvrir et à professer.

Pour mon humble part, j'ai connu beaucoup de protestants, charmants à tous égards, et que j'ai toujours vus animés du patriotisme le plus ardent.

Il y a une raison majeure, du reste, pour ne pas soupçonner le patriotisme de nos protestants en gé-néral, et de nos protestants de l'Est en particulier. Beaucoup d'entre eux, presque la plupart, originaires des provinces perdues, ont sacrifié leurs intérêts de là-bas à l'amour de la mère commune. L'ennemi s'est assis à leurs foyers, il les a faits siens. Ils ont assisté en victimes à la mutilation de la France. Et leur patriotisme s'est encore avivé dans la plus cruelle épreuve que nous ayons eu à subir depuis des siècles.

Cela, je n'en doutais pas, je le savais, et je suis encore heureux de le redire aujourd'hui.

Pour ce qui concerne plus particulièrement Madagascar, mon honorable visiteur a bien voulu m'assurer que le protestantisme français faisait de la grande île africaine l'objet de ses vives préoccupations.

Une mission française est partie de la Métropole pour aller étudier la question religieuse dans notre nouvelle colonie, Elle s'enquiert des croyances et des besoins des populations malgaches, de leur manière d'être, de vivre et de penser.

Des pasteurs protestants français, français de race, d'esprit et de cœur, vont rayonner dans toute l'île et s'efforcer de propager, avec leur culte, l'influence de la mère patrie.

C'est on ne peut mieux.

Mon visiteur ajoutait que certainement le protestantisme franciserait Madagascar aussi complètement qu'il a francisé Tahiti, sous les auspices et grâce à la ténacité du missionnaire Viénot.

C'est une belle espérance. Et certes, en ma qualité de Français, je fais des vœux sincères pour qu'elle se réalise un jour.

Malheureusement, nous n'en sommes pas là.

Les pasteurs français dans l'Imerina sont peu nombreux, très peu nombreux. Leur action est bien faible encore. Et avant qu'ils aient réussi à contrebalancer quelque peu l'influence antifrançaise — je dis et je maintiens le mot — l'influence antifrançaise des pasteurs anglais, bien des événements se passeront dans notre nominale colonie de Madagascar, qui est un peu plus grande que Tahiti, l'on voudra bien en convenir.

Si l'on veut, en tout cas, atteindre ce résultat merveilleux d'une Emyrne enfin française, je ne crois pas qu'il faille tolérer plus longtemps l'audace, humiliante pour nous, de ces pasteurs anglais qui ne craignent pas de venir, à notre nez, prêcher contre nous des révoltes sanglantes. Messieurs les pasteurs anglais nous prennent évidemment pour des niais : qu'on leur prouve le contraire en les envoyant catéchiser les colonies anglaises et voir si nous y sommes.

C'est tout ce que j'ai demandé dans mes articles, en protestant contre l'étrange tolérance dont nos mortels détracteurs sont l'objet, et tout en restant en dehors de toute appréciation sur le patriotisme des églises françaises.

On me dit qu'à Madagascar il y a autre chose encore que la question française : les missionnaires français d'une religion s'occuperaient en d'interminables querelles d'influences avec les missionnaires français de la religion adverse. Il y aurait lutte entre les pères catholiques et les pères protestants.

Eh ! mais n'est-ce pas une raison préremptoire de n'envoyer là-bas, pour représenter le gouvernement, que des hommes qu'on saura *absolument incapables de prendre parti dans ces lointaines disputes religieuses ?*

A Madagascar comme en France, le gouvernement doit être neutre. Il doit tenir la balance égale entre les religieux de toutes les confessions.

Et le sort nous garde, comme disait ce matin un de nos confrères, qui n'est pas une « feuille de sacristie », des fonctionnaires coloniaux qui emportent fanatiquement en leurs bagages un évangile, une bible ou un talmud.

Henry MAIGNE.

Le passage concernant le rôle attribué, à Tahiti, au protestantisme avait appelé mon attention : aussi je crus devoir adresser à M. Maigne une lettre que ce dernier reproduisit *in extenso* dans le numéro du *Progrès* du 11 juillet, en l'accompagnant des réflexions que lui avaient suggérées les considérations invoquées par moi.

TAHITI ET MADAGASCAR

Me voici encore obligé de revenir à cette passionnante question de Madagascar, et, plus particulièrement, au rôle que peuvent jouer nos missions protestantes françaises, pour arracher les populations de l'île à l'influence des missions anglaises, si fortement hostiles à notre domination.

Dans la véritable conférence que j'ai eue avec le pasteur protestant qui m'a rendu visite à ce sujet, mon interlocuteur m'avait longuement entretenu des bienfaits de la mission Viénot à Tahiti. A l'entendre, avant la venue de ce pasteur dans les îles de la Société, les populations tahitiennes étaient plutôt inféodées à l'influence anglaise. Mais M. Viénot était venu. Et les sujets de Pomaré s'étaient francisés à sa chaude parole.

Nul doute que les Malgaches ne veuillent suivre un aussi remarquable exemple, le jour où les missions protestantes françaises, avec l'appui du gouvernement, auraient reçu la tâche de répandre, parmi les sujets de Ranavalo, la bonne parole réformiste.

Le pasteur Loga franciserait Madagascar, comme Viénot avait francisé Tahiti, c'était de la dernière évidence.

Cette opinion de mon interlocuteur, je l'ai scrupuleusement rapportée dans mon dernier article. Et c'est elle précisément qui me vaut de reprendre aujourd'hui la question.

Un de nos compatriotes, qui connaît les affaires de Tahiti pour les avoir pratiquées, m'adresse en effet la lettre suivante, touchant le rôle des missions protestantes, et particulièrement de la mission Viénot dans l'établissement de notre étroit protectorat sur les îles de la Société.

Dijon, 9 juillet.

A Monsieur Henri Maigne, rédacteur en chef du *Progrès de la Côte-d'Or*.

Dans un article clair et précis sur notre situation à Madagascar, vis-à-vis des missions évangéliques anglaises, publié dans le *Progrès* du mardi 7 juillet, vous vous exprimez ainsi :

« Mon visiteur ajoutait que certainement le protestantisme franciserait Madagascar aussi complètement qu'il a francisé *Tahiti*, sous les auspices et grâce à la ténacité du missionnaire Viénot. »

Dire que tous, dans la mesure de leurs moyens d'action, administrateurs de tous ordres, missionnaires catholiques, missionnaires protestants, militaires, colons, etc., ont contribué à faire aimer la France à ces populations très inféodées aux Anglais avant l'établissement de notre protectorat en 1844, eût été l'expression exacte de la vérité : par contre, rien n'est plus contraire à cette même vérité que de vouloir attribuer à une secte religieuse en général, et à l'un de ses représentants en particulier, un rôle politique dans nos possessions océaniennes.

En 1844, notre protectorat a été établi sur les îles de la Société et dépendances; et en 1847, par un acte additionnel portant le nom de convention Lavaud, du nom du gouverneur qui l'a signée, la reine Pomaré IV remit entre les mains du commissaire du gouvernement français tous ses pouvoirs concernant l'administration intérieure du pays, dans laquelle elle n'intervint plus directement, si ce n'est pour signer, de concert avec le représentant de la France, les ordonnances concernant les affaires purement tahitiennes, ainsi que les décisions nommant les fonctionnaires de l'administration indigène.

Comment expliquer que de 1844 à 1867, c'est-à-dire pendant vingt-trois années, les sociétés d'évangélisation ne soient pas intervenues auprès de leurs nouveaux coreligionnaires et aient continué à laisser la place aux pasteurs anglais ? tandis que même avant l'établissement de notre protectorat sur ce pays, les missions catholiques françaises avaient tenté de s'introduire à Tahiti où d'ailleurs elles se sont établies aussitôt après notre arrivée. Il a fallu qu'à la réunion de l'assemblée législative tahitienne de 1862, le gouverneur de l'époque fît adopter une proposition tendant à l'envoi à Tahiti de deux pasteurs protestants *officiels* pour lesquels un traitement fut inscrit au budget du service indigène.

C'est seulement quelques années après, en 1868 ou 1869, que M. Viénot, missionnaire libre, agent des sociétés françaises d'évangélisation, arriva à Tahiti. Il y avait longtemps que nos concitoyens indigènes étaient Français de cœur, obéissant en cela autant à leurs idées naturelles qui les poussaient vers nous, qu'au dévouement à leur reine, dont l'attitude française ne s'est jamais démentie jusqu'à sa mort, pendant les trente-trois années qui ont suivi l'acceptation définitive, par elle, de notre protectorat.

Je ne sache pas que les Tahitiens aient, à quelque époque que ce soit, aussi bien pendant le long intervalle qui sépare notre prise de protectorat de l'arrivée de l'envoyé des missions évangéliques, que depuis cette époque, manifesté des sentiments antifrançais. Eux-mêmes seraient certainement très surpris en apprenant qu'ils doivent leur francisation au missionnaire Viénot.

Certes, le président du synode des églises tahitiennes doit être, je le suppose, étonné autant que flatté du rôle que lui prêtent ses coreligionnaires, mais il ne me démentira pas — ces lignes lui parviendront — lorsque je dis que sa part d'action dans l'acte du 29 juin 1880, qui a donné à la France Tahiti et ses dépendances, a été des plus restreintes, pour ne pas dire nulle.

Tout l'honneur en revient aux divers administrateurs

qui se sont succédé, et surtout en dernier lieu, à M. le gouverneur Isidore Chessé.

Que les sociétés d'évangélisation aient tiré profit de l'acte précité ainsi que de ses conséquences pour, en France, placer sur un piédestal auprès de nos gouvernants de l'époque, et leur mission, et le chef de cette mission, voilà tout ce qu'elles peuvent hautement revendiquer; personne n'y contredira, de même qu'à Tahiti nul n'ignore que quelques rares administrateurs, affiliés ou non à la secte, ont cru, soit par fanatisme, soit pour se ménager un appui qu'ils s'exagéraient peut-être, soit enfin *pour se conformer aux instructions que leur adressait l'administration centrale des colonies*, devoir adresser des rapports dans lesquels le rôle de la mission était plus ou moins amplifié.

Mais j'affirme que les agissements de M. Viénot, en tant que chef du protestantisme dans ces îles, a toujours été et est encore complètement inefficace, au point de vue politique s'entend. Ce qui se passe, depuis huit ans, aux Iles-sous-le-Vent, où quelques centaines d'indigènes, soutenus par leurs pasteurs anglais, sont toujours rebelles à nos institutions, le démontre péremptoirement. — En nous plaçant au point de vue religieux, le rôle de M. Viénot n'est guère plus considérable, si l'on remarque que la population véritablement indigène de Tahiti s'élève à peine à 7,000 habitants, hommes, femmes et enfants, parmi lesquels il faut compter environ un quart de catholiques..., et les indifférents qui, là comme un peu partout, ne laissent pas que d'être encore les plus nombreux.

Qu'est-ce que cela, en comparaison de Madagascar ?

Veuillez agréer, Monsieur le rédacteur en chef, l'expression de mes sentiments les plus distingués.

P. GARDEY,

*Chef de bureau de première classe des directions
de l'Intérieur aux colonies, en retraite,
En service à Tahiti de 1872 à 1886.*

Voilà donc, réduit à ses justes proportions, le rôle du pasteur Viénot dans la francisation de Tahiti, de Tahiti si petite, si facile à tenir dans la main, à côté de l'immense Madagascar.

On peut imaginer aisément le nombre de Viénots qu'il faudrait pour amener à nous les nombreuses peuplades de la grande île malgache.

Mais, encore une fois, je le répète, la question n'est pas là.

Madagascar est couverte, comme d'un filet à mailles serrées, d'un véritable réseau de missions protestantes anglaises. Ces missions ont moins souci de la propagation de la bible que de *celle de l'influence britannique*. Et leurs pasteurs ne se gênent nullement pour prononcer, à notre nez, les édifiants prêches que vous savez.

Eh bien ! je dis que dans ces conditions, il faudrait être fou pour ne pas voir où pourrait nous entraîner une plus longue tolérance.

Un enfant comprendrait que le premier devoir du gouvernement français et de ses représentants est de donner aux missionnaires anglais *le choix entre leur soumission sans phrase ou la porte.*

Et le mieux encore, je ne crains pas de le dire, serait en un magistral coup de balai à tous ces artisans de révoltes.

Henry MAIGNE.

A la suite de cette publication, quelques personnalités très en vue à Tahiti, actuellement en France, me firent l'honneur de m'adresser des félicitations sur la façon dont j'avais rele-

vé l'affirmation prétentieuse du « pasteur »,
en me faisant observer, toutefois, que j'étais
trop indulgent quand je disais qu'il ne fallait
pas attribuer au protestantisme en général, et
au chef de la mission en particulier, un rôle
politique dans nos affaires océaniennes, attendu
que c'est surtout de la politique beaucoup plus
que de la religion qu'ils ont fait et font encore.
Ceci est exact, mais j'avais voulu indiquer que
ce rôle politique n'a pas eu le résultat dont ils
font état par la raison fort simple que leurs
menées s'affirmaient à l'encontre du but poursuivi par les représentants du gouvernement
français.

D'un autre côté, des doutes s'étaient élevés
dans mon esprit sur l'exactitude des dates citées
par moi; mes souvenirs avaient dû me trahir
dans cette lettre écrite hâtivement : légères
erreurs d'une ou deux années qui ne changent
rien au fond, il est vrai, mais qui auraient pu
être invoquées à l'encontre de mes affirmations.
J'étais informé en même temps de l'arrivée en
France du chef de la mission protestante de
Tahiti, M. Viénot.

Je fus assez heureux pour retrouver quelques
ouvrages, documents, notes, etc., que je croyais
disséminés dans les diverses colonies où j'ai
été appelé à continuer mes services après mon
départ de Tahiti ; je me préparais à adresser au
rédacteur en chef du *Progrès*, une simple

note rectificative, en le priant de vouloir bien la reproduire, lorsque le *Petit Bourguignon* du 20 juillet publia la correspondance suivante :

TRIBUNE PUBLIQUE

M. le pasteur Arnal nous prie de publier la lettre suivante qu'il a adressée au *Progrès de la Côte-d'Or*, et que notre confrère n'a pas jugé à propos d'insérer :

Dijon, 13 juillet 1896.

A M. le Rédacteur du *Progrès de la Côte-d'Or*.

Monsieur le Rédacteur,

Vous n'aimez sans doute pas les visites du pasteur protestant, car après celle que j'ai eu l'honneur de vous faire il y a quelques jours, vous éprouvez le besoin de dire à vos lecteurs qu'elle a duré une heure et qu'elle a été une vraie conférence faite dans votre bureau ; parlons franc elle vous a ennuyé.

Si conférence il y a eu, il faut avouer que j'ai perdu votre temps et ma peine, car je n'ai pas réussi à obtenir de votre libéralisme le droit de défendre, dans les colonnes de votre journal, l'honneur du protestantisme français, dont le patriotisme devient suspect à un grand nombre de journalistes.

Vous avez préféré, au lieu de me donner la parole devant vos lecteurs, traduire vous-même mes légitimes griefs, et déclarer que vous tenez les protestants de France pour de bons et authentiques Français, qui n'ont sans doute qu'un tort, c'est de professer la même religion que la majorité des Anglais, nos rivaux dans le domaine colonial.

Je vous remercie de cette déclaration, j'allais presque dire de cette concession, et je n'aurais plus qu'à vous adresser mes humbles excuses, d'avoir abusé de votre temps et de vous avoir infligé un ennui, si après la lecture de votre numéro du samedi 11 juillet, il ne me restait au cœur une affreuse jalousie. Vous avez sans pitié mis ma prose au panier et vous n'avez pas voulu nommer le pasteur qui vous avait fait visite, pour ne pas lui donner le droit de faire un prêche dans vos colonnes. Il faut croire que le contre-prêche vous plaît davantage, car vous avez accordé une grande colonne de texte serré à un fonctionnaire des colonies en retraite, qui rabat mon orgueil protestant, trop complaisamment enflé devant les services de M. le missionnaire Viénot.

Je me garderai bien d'entamer une discussion avec cet honorable fonctionnaire, car ma prose n'a pas droit de se produire dans votre journal, où l'attaque seule est permise mais non la défense.

Qu'il me suffise de répondre à cet amoindrissement systématique de l'influence d'un missionnaire protestant, que le gouvernement français n'a pas jugé cette influence si peu réelle et si peu digne de considération, et qu'en accordant à M. Viénot la croix de la Légion d'honneur, il motivait le décret en ces termes :

« Viénot Charles, membre du conseil colonial de Tahiti, directeur des écoles françaises indigènes, président du conseil supérieur des églises protestantes de la colonie ; 18 ans et demi de services gratuits ; *services exceptionnels ; a beaucoup contribué à faire prévaloir l'influence française en Océanie.* » Voilà l'appréciation du ministre de la marine et des colonies, elle vaut au moins autant à mes yeux que celle de votre correspondant ; la première me console aisément de la seconde.

Je ne sais, Monsieur, si ces lignes auront l'honneur de

paraître dans votre journal ; je m'en remets à votre bon vouloir, et je souhaite qu'un refus de votre part ne vienne pas me donner le droit de dire, que dans votre journal qui se dit *libre-penseur*, il n'y a pas place pour une *pensée libre*.

Veuillez agréer, etc.

Z. ARNAL.

Il ne me restait plus qu'à consigner dans une étude les faits dont j'ai été témoin, et d'essayer : 1° de signaler à mon tour les dangers qui peuvent résulter, pour notre influence, de la prépondérance acquise par les méthodistes anglicans dans les pays où notre occupation les trouve déjà établis ;

2° De faire saisir, dans toute sa portée, la connexité créée par les dits méthodistes entre la nationalité et la religion ;

3° De jeter un jour sur le rôle joué, en Océanie, tant par la mission protestante française que par la personnalité la plus marquante de la dite mission ;

4° D'appeler l'attention des missionnaires protestants sur l'attitude qu'il leur conviendrait de prendre pour la francisation de Madagascar : à eux de démontrer aux diverses peuplades qu'on peut être en même temps Français et protestant. Je le leur dis avec conviction : ce ne sera pas facile. Il leur faudra un dévouement, une persévérance de tous les instants ; et surtout faire abnégation complète des sentiments de considération ou autres qu'ils ont pu professer jusqu'ici à l'égard de leurs confrères anglicans, en prenant réellement la suprématie sur ces derniers, et non en paraissant, aux yeux des populations, n'être que leurs très humbles serviteurs. En un mot, qu'ils se montrent Français d'abord, protestants après, et qu'ils se donnent corps et âme au but poursuivi : Madagascar, colonie française !

Je le déclare ici : profondément respectueux de toutes les croyances, de tous les dogmes, autant qu'ils ne sortent pas du domaine de la conscience, je sais par expérience quel empire leurs représentants ont sur l'esprit des populations indigènes de nos colonies : aussi ces derniers ont constamment trouvé en moi l'aide qu'ils étaient en droit d'attendre pour le succès de leur œuvre moralisatrice. Mais j'ai toujours considéré comme le premier de mes devoirs de Français et de fonctionnaire, de suivre attentivement leurs efforts et au besoin d'entraver leur action quand, même à leur insu et seulement par la force des choses, elle s'exerçait à l'encontre de l'influence de la France.

Dijon, 10 septembre 1896.

P. GARDEY.

NOTES

SUR LES

AGISSEMENTS DE LA MISSION PROTESTANTE

à Tahiti

Au point de vue de la Francisation
et de la Diffusion de la Langue française
chez les Indigènes.

Le 9 septembre 1896, il y a eu cinquante-quatre ans, c'est-à-dire plus d'un demi-siècle.déjà, que d'accord avec les grands chefs, Pomare IV, reine des îles de la Société et dépendances, sollicita le protectorat de la France à l'effet de mettre fin aux dissensions intestines qui menaçaient de porter atteinte aux relations cordiales avec les gouvernements étrangers, et exposaient ces îles à perdre leur nationalité.

Accepté provisoirement par l'amiral Du Petit-Thouars, ce protectorat fut ratifié par le gouvernement français le 25 mars 1843, en même temps que tous pouvoirs furent conférés au capitaine de vaisseau Bruat, déjà nommé gouverneur dans nos établissements en Océanie.

Lorsque M. Bruat arriva pour prendre son commandement, en novembre 1843, il trouva les esprits agités et tourmentés par de pernicieux conseils ; la reine elle-même avait quitté Tahiti et s'était réfugiée aux Iles-sous-le-Vent, faisant partie du même archipel. Il fallut combattre les révoltés.

Des rencontres eurent lieu à Mahaena, à Punaauia et dans d'autres localités : la prise du fort de Fautaua mit fin à ces hostilités. Tous les chefs prêtèrent serment de fidélité au gouvernement du protectorat, et la reine ne tarda pas à rentrer à Tahiti (29 janvier 1847) où elle fut réinstallée dans son autorité. Depuis cette époque, les états du protectorat jouirent d'une tranquillité parfaite ; l'autorité de la reine fut plutôt agrandie qu'amoindrie par notre intervention, les Tahitiens apprirent à nous connaître et a nous aimer, le gouvernement protecteur ayant continuellement poursuivi le but de donner à cette population l'amour du travail et les principes élevés d'ordre, de justice, de morale.

Après un règne de plus d'un demi-siècle, dont les trente dernières années s'écoulèrent dans la plus paisible félicité à l'abri de notre drapeau, Pomare IV mourut le 17 septembre 1877, laissant trois fils dont l'aîné, le prince Ariiaue, fut solennellement proclamé roi de Tahiti et dépendances le 24 septembre 1877 : il prit le nom de Pomare V.

Le 29 juin 1880, Pomare V et les chefs des districts des îles Tahiti et Moorea, réunis au palais du gouvernement, signèrent, avec M. le gouverneur Isidore Chessé, l'annexion à la France des États du protectorat. Cet acte fut ratifié par le Parlement français le 30 décembre de la même année, et la cérémonie officielle réunissant définitivement à la France ces pays qui s'étaient civilisés sous sa tutelle, eut lieu à Papeete le 24 mars 1881.

Il est difficile d'admettre *qu'après plus de cinquante années*, la population indigène des deux îles Tahiti et Moorea, dont le chiffre s'élève à environ 8,000 habitants, hommes, femmes et enfants compris, non seulement *ne parle pas la langue française*, mais encore a vu se substituer à son langage primitif un idiome quelconque formé du tahitien corrompu, de mots français, anglais et autres plus ou moins altérés et adaptés à la prononciation tahitienne.

Telle est pourtant la situation actuelle résultant des causes que je vais essayer de déterminer, en faisant ressortir les agissements des représentants d'une secte religieuse qui, joignant un rôle politique à leur action confessionnelle dans le but de confisquer à leur profit la part d'autorité laissée au souverain, ont cherché à établir à l'encontre du gouvernement protecteur un pouvoir tendant à annihiler la politique d'assimilation poursuivie lentement, il est vrai, en raison des difficultés qui leur étaient suscitées, mais sûrement par les représentants de la France.

Et ce, parce que durant les années qui ont suivi l'établissement de notre protectorat, les écoles publiques des districts sont restées, de par les lois tahitiennes réservées dans l'acte du 9 septembre 1842, sous la direction des pasteurs protestants indigènes et par suite des méthodistes anglicans; et qu'à leur arrivée dans la colonie vers l'année 1862, les pasteurs français, *hommes de religion avant tout*, ont suivi la voie tracée par leurs confrères étrangers.

Pour l'intelligence de cette étude, il est nécessaire de remonter à l'époque de l'établissement à Tahiti, des premiers missionnaires anglais.

L'île de Tahiti découverte, suivant la tradition

officielle (1) d'abord en 1606 par Quiros, navigateur espagnol qui lui donna le nom de Sagittaria, puis en 1767 par Wallis, navigateur anglais qui la dénomma Georges III, enfin en 1768 par Bougainville, navigateur français, lequel la fit connaître sous son véritable nom, fut visitée quatre fois, de 1769 à 1777, par le célèbre navigateur anglais Cook, dont les relations de voyage jetèrent bientôt un jour si vif sur ces parages. Le voyage de la *Bounty*, capitaine Bligh, (1787 à 1789) par les incidents auxquels a certainement contribué une relâche assez prolongée à Tahiti, concentra de nouveau l'attention sur ce pays, de sorte que quelques années plus tard les sociétés anglaises d'évangélisation crurent à la possibilité de créer un établissement dans cette île fortunée.

Le 7 mars 1797, le bâtiment anglais le « Duff » arriva à Tahiti et y débarqua dix-huit missionnaires. Bien accueillis par Pomare Ier qui venait d'établir son pouvoir sur les îles de la société et vit dans ces étrangers un recours appréciable pour lui permettre d'asseoir complètement sa domination, il ne paraît pas qu'une bonne harmonie ait régné longtemps entre les missionnaires et les indigènes, puisque le 30 mars de l'année suivante, onze d'entre eux quittèrent Tahiti. Pourtant ceux qui restèrent parvinrent à gagner la confiance de Pomare Ier, de sorte que quand ce dernier mourut subitement le 3 septembre 1803, ces missionnaires le regrettèrent, mais seulement au point de vue de leur tranquillité personnelle et de l'appui qu'il leur

(1) Je dis *tradition officielle* parce que rien n'est moins prouvé, attendu que les descriptions faites par Quiros se rapportent plutôt à une des îles basses de l'archipel des Tuamotu qu'à la Reine de l'Océanie.

prêtait, car leur évangélisation n'avait encore produit aucun résultat. Il allait appartenir à Pomare II, fils et successeur de Pomare Ier, de changer l'état de choses existant en se convertissant au protestantisme.

De 1803 à 1807 le pays fut assez tranquille ; mais, en cette dernière année, des guerres éclatèrent entre Pomare II et un des anciens rivaux de son père. D'abord vainqueur, Pomare, qui avait dû ses succès à l'intervention d'indigènes des îles voisines, fit tant de mécontents par les vexations et les cruautés inouïes qu'il laissait exercer par ces étrangers, que, malgré l'abattement des vaincus, il en résulta bientôt une autre guerre, laquelle faillit lui enlever à jamais le pouvoir. Toute l'île de Tahiti s'était soulevée ; il fut contraint de l'abandonner et de se retirer dans la petite île voisine, Eimeo ou Moorea.

Au milieu de cette anarchie, les missionnaires n'étaient plus en sûreté, et vers 1809, tous avaient quitté l'archipel de la société, à l'exception d'un seul, M. Nott. Bravant la misère et les dangers, il eut le courage de rester et de s'attacher à Pomare dont il devint le confident le plus intime. Pomare ne paraissait encore nullement disposé à changer de religion : il laissait pourtant volontiers son ami lui parler de celle qu'il venait prêcher.

Nous touchons ici aux événements qui assureront définitivement le pouvoir à Pomare II et à ses descendants, et par suite, graveront dans l'esprit des membres de cette famille une reconnaissance profonde pour les représentants d'une religion dont le Dieu, croira le nouveau converti, a combattu pour lui.

Je laisse la parole à M. Moerenhout, consul général des Etats-Unis aux îles océaniennes, lequel a publié, en 1837, un ouvrage d'autant plus précieux et intéressant, que ces peuplades n'ayant pas de traditions écrites, il a fallu un long séjour parmi elles et n'être guidé par aucune préoccupation politique ou religieuse pour arriver à juger impartialement les événements accomplis ainsi que ceux qui suivirent.

« Ce fut donc seulement vers ce temps que dans ces entretiens familiers, amenés par les circonstances, ce missionnaire (M. Nott) et d'autres qui revinrent bientôt après, et qui tous possédaient assez bien déjà la langue nationale, donnèrent à Pomare et à sa suite les premières notions de la religion chrétienne. Le moment était des plus favorables pour en faire goûter les maximes.

« Dans la situation où se trouve ce prince, de 1809 à 1811 et 1812, exilé, sans le moindre espoir de rentrer dans ses Etats, la peinture d'un dieu auquel rien ne pouvait résister devait lui plaire, d'autant plus que les dieux qu'il adorait semblaient, ou ne pouvoir plus le servir, ou l'avoir abandonné. Il les redoutait encore ; mais il n'était pas nouveau chez les Océaniens de quitter un dieu pour en adorer un autre, ou d'offrir des sacrifices à une divinité qu'ils croyaient plus puissante et qui protégeait leurs ennemis. La difficulté était de les abandonner tous indistinctement, de renoncer à tous à la fois ; s'il ne se fût agi que d'un « Maraï » (autel), Jéhova aurait eu le plus considérable.

« Pomare balançait toujours ; mais il parlait souvent, à ce qu'il paraît, de ces passages de l'histoire uive où Dieu vient tout à coup au secours de ceux qui le reconnaissent et punit ceux qui servent les faux

dieux : il pensait souvent à ces traits, il les aimait, il
se faisait redire les circonstances où les tribus,
réduites à la dernière extrémité, se relevèrent inopi-
nément par la protection de leur dieu, en triomphant
de leurs ennemis, quelque nombreux qu'ils fussent.

« Quand donc, triste, abattu, déchu de presque tout
pouvoir, il ne conserva plus le moindre espoir de
ressaisir l'autorité ; quand ses différents efforts pour
rentrer dans Tahiti eurent tous échoué ; quand il
n'attendit plus rien de lui-même ni de ses dieux,
cherchant des consolations, il se mit à écouter plus
attentivement les missionnaires qui lui promettaient
le secours d'un dieu tout puissant s'il voulait, pour
le servir, abjurer les siens. La conduite du roi influa
sur celle de plusieurs autres individus. Les gens de sa
maison traitaient les missionnaires avec plus d'égards,
souffraient leurs remontrances, écoutaient leurs discours, et en 1812 (le 18 juillet), sans rien concevoir
encore à la morale ni aux principes qui font la base
de la religion chrétienne, mais seulement à cause de
sa situation désespérée et pour essayer d'une dernière
ressource, comme il paraît l'avoir dit lui-même,
Pomare, faisant publiquement profession de christianisme, demanda de plus amples instructions, et le
baptême. »

Cependant une circonstance imprévue faillit ren-
verser tout à coup les espérances des missionnaires.

Des chefs de Tahiti vinrent proposer à Pomaré de
reprendre le gouvernement ! Il accepta et rentra à
Tahiti le 13 août 1812 ; mais après deux années de
résidence au milieu d'agitations continuelles, ne s'y
croyant plus en sûreté, il retourna à Moorea. En novembre 1815, il repassa à Tahiti et, le 12 du même

mois, dans un combat acharné où les chrétiens réunis dans leur temple de Punaauia furent attaqués par les païens, il vainquit complètement les rebelles : *le protestantisme fut alors établi dans toutes les parties de l'île.*

Les choses allèrent assez bien pendant quelque temps : les nouveautés de la religion plaisaient à ce peuple enfantin. Bientôt pourtant, par suite des *exigences toujours croissantes* des missionnaires énorgueillis par leur succès inespéré, le zèle des nouveaux convertis se refroidit, de telle sorte que, *sortant du domaine spirituel,* les missionnaires amenèrent le roi à désirer des lois plus positives afin d'obtenir par la rigueur et par les châtiments ce qu'on refusait à la persuasion de la parole. Mais la difficulté résidait dans l'établissement ou plutôt dans le choix de ces nouvelles institutions. N'ayant pas la moindre idée de ce que pouvaient être cette constitution, ces lois écrites, etc., dont on l'entretenait, Pomare dut avoir recours aux missionnaires qui, par là, devinrent les législateurs de l'île.

Le 16 mai 1819 une assemblée générale fut convoquée près de la résidence de Pomare. M. Moerenhout en rend ainsi compte :

« Quand le Roi, les chefs, les missionnaires furent arrivés, l'un de ces derniers ouvrit cette importante cérémonie par la lecture d'un chapitre de la Bible et par une prière ; après quoi le Roi se leva, tenant à la main le rouleau de papier sur lequel était écrit le code de la nouvelle loi.....

« Il lut le code en entier en en commentant plusieurs articles. Dans ce code se trouvaient des lois contre la révolte, les conspirations, l'excitation à la guerre qui, comme l'assassinat, emportaient la peine de mort.....»

L'application de ces dernières dispositions ne se fit pas attendre. Cinq mois à peine après la publication de ce code, deux hommes furent pendus pour crime d'attentat contre le gouvernement. En 1821, deux autres furent exécutés comme chefs d'un complot contre la personne du roi.

Ainsi donc voici les missionnaires bien et définitivement livrés à la politique.

Dans tout le cours de son ouvrage, M. Moerenhout suit pas à pas l'œuvre des missionnaires avec lesquels d'ailleurs il a toujours vécu dans les meilleurs termes, du moins jusqu'en 1837 ; car plus tard (4 septembre 1838), reconnu dans une assemblée des chefs et en présence de la Reine en qualité de Consul français, il aura à entrer en lutte avec ses amis de la veille, et par suite ne pourra peut-être plus porter de jugements aussi dégagés de toute préoccupation politique sur les événements auxquels il prendra une part active. Mais s'il rend un hommage constant à leurs efforts il ne peut s'empêcher de s'élever, presque à chaque page, *contre leur ingérence constante et trop souvent maladroite* dans la direction des affaires du pays.

Je ne puis résister au désir de lui emprunter encore une citation se rapportant à un incident qui, en 1831, faillit amener une conflagration générale.

« Cet événement, comme tant d'autres circonstances qui l'avaient précédé, m'a prouvé qu'il n'y a rien de vrai dans ce qu'on a dit jusqu'ici, en Angleterre, que les missionnaires ne se mêlent point des affaires politiques. *Ils s'en mêlent en effet en toute occasion ;* le plus souvent, ils font très bien de s'en mêler, mais devraient, ne fût-ce que par prudence, le faire avec plus de modération, de circonspection, ou plutôt moins impérieusement, se bornant à donner privément des avis et non pas des ordres publics. Leur présence trop assidue aux assemblées, la part souvent trop active qu'ils prennent aux discussions, ne paraissent être ni dans leur mission, ni dans leur compétence. Ils se sont fait par là un tort considérable car on leur attribue de suite, et la plupart du temps avec raison, l'établissement de toutes les mesures quelles qu'elles soient. »

Ce rôle politique s'était encore plus affirmé lorsque, le 22 avril 1824, deux ans et demi après la mort de Pomare II arrivée le 17 novembre 1821, ils procédèrent en grande pompe au couronnement de son fils encore en très bas âge (il était né en décembre 1820).

Posant la couronne sur la tête de l'enfant après l'avoir oint des huiles saintes, M. Nott s'exprima ainsi : « Pomare III, je vous couronne « Roi de Tahiti, Moorea, etc.... »

Ce jeune prince, *qui était élevé dans une école installée à l'île Moorea pour l'instruction des enfants des missionnaires*, sous le nom prétentieux d' « Académie de la mer du Sud », mourut prématurément le 11 janvier 1827. Il était le dernier descendant mâle de la famille de Pomare.

Il ne restait plus que sa sœur Aïmata, née en 1813, dont, préoccupés de leurs vues sur le jeune roi, les missionnaires avaient entièrement négligé l'éducation. Elle fut toutefois reconnue souveraine des îles de la Société sous le nom de Pomare IV.

Les premières années de son règne furent signalées

par des troubles continuels à l'intérieur. La Reine sentait elle-même combien elle était impuissante à apaiser toutes les querelles intestines, à empêcher les désordres, à mettre fin à toutes les difficultés sans cesse renaissantes dans ses Etats, et que réglaient à leur passage divers amiraux français, entre autres Dumont d'Urville, Cécile, Laplace, etc.

Les missionnaires anglicans voyaient déjà d'un très mauvais œil cette intervention des représentants d'une nation étrangère à la leur, lorsque le 20 novembre 1836, MM. Laval et Carret, prêtres de la mission catholique établie aux îles Gambier en 1834, arrivèrent à Tahiti sur la goëlette *Elisa*. Le 25 du même mois, la Reine leur donna audience et bien qu'indécise, ne parut pourtant pas opposée à leur établissement dans ses États; mais les *missionnaires anglicans*, en haine du catholicisme autant que de la nationalité des nouveaux venus, *provoquèrent d'urgence* une assemblée des chefs à laquelle fut soumis un projet d'expulsion contre les deux arrivants; quelques chefs pourtant se prononcèrent pour eux. Malgré l'intervention du Consul des États-Unis en leur faveur, malgré une nouvelle entrevue avec la Reine, ils durent quitter Tahiti le 12 décembre de la même année, *embarqués de force* sur le bâtiment qui les avait amenés.

Le peu de succès de cette première tentative ne decouragea pas M. Laval. Le 26 janvier 1837 il revenait, accompagné cette fois d'un autre missionnaire, M. Maigret ; *on refusa de les laisser débarquer.*

Le 29 août 1838, la frégate *Vénus*, commandée par M. Du Petit-Thouars, se présenta devant Tahiti;

le 4 septembre suivant M. Moerenhout fut installé en qualité de Consul français ; en même temps, une convention signée entre la Reine et M. Du Petit-Thouars stipula que les Français, *quelle que fût leur profession*, pourraient librement s'établir, commercer dans le pays où ils seraient reçus et protégés comme les étrangers les plus favorisés. Cette clause déterminative « quelle que fût leur profession » amena de nouveaux conflits : on cherchait à l'éluder en ce qui concernait les missionnaires catholiques. Aussi le 29 juin 1839, une clause additionnelle à la convention précitée était signée à bord de l'*Arthémise* par le commandant Laplace : » Libre exercice de la religion catholique. « En septembre 1841 les missionnaires de ce culte s'établirent enfin à Tahiti.

A noter qu'à la même époque un premier mouvement sembla se dessiner parmi les chefs, à l'effet de solliciter le protectorat de la France, mouvement qui fut arrêté par les missionnaires anglicans et le capitaine anglais Jones, du *Curaçao*.

Mais l'année suivante, les sourdes menées de ces missionnaires eurent pour résultat de provoquer à nouveau l'intervention du représentant du gouvernement français dans ces mers et finalement l'établissement de notre protectorat (9 septembre 1842). Quelques jours après (21 septembre), les missionnaires anglicans adressèrent à l'amiral Du Petit-Thouars une lettre dans laquelle ils déclaraient « qu'informés du changement qui avait eu lieu dans le gouvernement tahitien, ils regardaient comme un devoir impérieux d'exhorter le peuple à une obéissance tranquille et constante envers les pouvoirs existants. » — On sait de quelle manière la plupart d'entre eux s'acquittèrent de leurs promesses et comment l'ascendant sur la Reine des *Pritchard* et autres, amena cette souveraine à refuser de se soumettre à l'acte qu'elle avait librement consenti, ce qui conduisit l'amiral Du Petit-Thouars à prendre provisoirement possession de Tahiti au nom de la France (6 novembre 1843).

Si le gouvernement français eût donné son approbation à cet acte de vigueur de son représentant, toute la législation du pays, œuvre des méthodistes, se fût trouvée abrogée : par suite il eût été facile de prendre les dispositions utiles pour instruire ce peuple dans notre langue et nous l'assimiler rapidement.

L'acte du protectorat garantissait l'état de choses existant. Or, *une loi faisait une obligation aux enfants* de fréquenter les écoles à la tête desquelles étaient placés les pasteurs indigènes. Dans ces écoles l'instruction était donnée en tahitien jusqu'à l'âge de 14 ans, ou bien jusqu'à ce que les enfants eussent appris à lire et à écrire. Des pénalités étaient édictées contre les parents récalcitrants et des punitions morales infligées aux enfants paresseux. Ces dispositions furent maintenues à la revision du code tahitien en 1845 et en 1848. — Loi XVIII.

Vint ensuite la loi du 7 décembre 1855 confirmant dans leur fonction d'instituteur les ministres du culte régulièrement nommés, c'est-à-dire élus par les habitants du district, et autorisant le chef et les habitants des districts les plus peuplés à choisir un instituteur suppléant pour aider le pasteur. On s'empara de cette dernière disposition pour établir lesdits instituteurs suppléants un peu partout, les connaissances des pasteurs indigènes étant assez bornées. Il est juste d'ajouter que celles des suppléants ne s'étendaient guère plus loin.

Disons que les Etats du protectorat étaient partagés en subdivisions territoriales appelées districts, au nombre de 31 pour les deux îles de Tahiti et de Moorea, ramenés en 1866 à 22 seulement, dont 18 pour Tahiti et 4 pour Moorea.

Le matériel d'enseignement était à l'état rudimentaire : un syllabaire de quelques pages, « Te parau matamua »; un petit livre de lecture y faisant suite, « Te parau piti »; un essai d'arithmétique, un essai de géographie, divers livres de l'Ecriture Sainte et autres publications religieuses, le tout en tahitien, édité soit par les sociétés des missions de Londres, soit par les missionnaires anglicans de Tahiti eux-mêmes.

Vers la même époque, les missionnaires catholiques de la société de Picpus publiaient leur *grammaire* ainsi que leurs *dictionnaires tahitien-français et français-tahitien*, dont un passage de la préface est ainsi conçu :

« Ce livre n'est point une spéculation. Quiconque fait imprimer pour des populations si peu nombreuses devra toujours y perdre. Mais il était temps que les écoles et nos compatriotes eussent un ouvrage de ce genre. »

Or les écoles publiques n'ont jamais été munies de cet ouvrage.

Je viens de parler de publications religieuses en tahitien. Ces publications, lues et commentées dans les écoles, dans les temples, répandues à profusion parmi les indigènes, pleines de diatribes contre *le catholicisme rattaché à la nationalité française*, contribuaient à entretenir chez les Tahitiens, *incapables de séparer la religion de la nationalité*, cette idée profondément ancrée dans l'esprit des populations océaniennes, que *catholique est le synonyme de Français*, comme *protestant est celui d'Anglais*. Il en résulte que dans les langues ou mieux les dialectes de ces pays, les deux religions sont respectivement désignées sous l'appellation de religion anglaise pour le protestantisme et religion française pour le catholicisme ; aussi dans les recensements de la population, l'indigène interpellé sur sa religion répond invariablement : « *Je suis Français* » ou « *Je suis Anglais* », selon qu'il appartient à l'un ou à l'autre culte.

Dans les publications dont il est question, les missionnaires anglicans employaient, pour désigner les protestants, le mot *Beretani* soit l'expression *Britannic*, adaptée à l'orthographe du pays ainsi qu'à la prononciation tahitienne.

J'ai sous les yeux un livre intitulé : *Te tere o pererina — le Voyage du pèlerin —* Londres 1847, avec une préface du traducteur, le missionnaire Charles Barff. Dans cette préface, M. Barff emploie bien le mot *Beretani* pour désigner les protestants auxquels il s'adresse.

Comme nous venons de le voir, en 1855, treize ans après l'établissement de notre protectorat, une loi tahitienne était votée qui maintenait les anciens errements en leur donnant plus de force. Cette réglementation resta d'abord en vigueur jusqu'au 30 octobre 1862. Entre temps deux arrêtés, l'un du 7 novembre 1857, l'autre du 2 décembre 1860, avaient ouvert à Papeete, chef-lieu des établissements, le premier une école primaire pour les jeunes filles, sous la direction des sœurs de Saint-Joseph de Cluny, le second une école primaire de jeunes garçons dirigée par les Frères de l'instruction chrétienne (Frères de Ploërmel). Ces créations avaient été rendues nécessaires par le nombre toujours croissant des résidants français. Dès l'ouverture de ces écoles, les Tahitiens, sans distinction de religion, s'y portèrent en masse, montrant ainsi que ce peuple ne demandait qu'à s'instruire dans notre langue. D'ailleurs leur reine donnait son approbation à la mesure qui avait été prise, puisque dans son discours d'ouverture de la session de l'Assemblée législative tahitienne de 1861, elle s'exprimait ainsi :

« Nos enfants auront désormais la garantie d'un avenir heureux, grâce à l'éducation et à l'instruction qui leur sont assurées et dont nous pouvons constater déjà les remarquables influences. Je suis très contente des instituteurs français envoyés à Papeete, et je désire sincèrement que vous leur confiiez l'instruction de tous les enfants de mon peuple. L'étude de la langue française, qui deviendra bientôt notre langue usuelle, assurera à jamais l'intimité de nos relations avec les Français... »

Ces écoles de Papeete continuèrent à fonctionner dans les mêmes conditions jusqu'à la rentrée des classes de 1882. Elles avaient une organisation spéciale, ainsi que leurs succursales du district de Mataiea, établies par arrêté du 30 mars 1864. Toutes les modifications au régime de l'instruction publique que nous examinerons successivement s'appliquent aux écoles publiques des autres districts.

L'ordonnance du *3o octobre 1862* avait abrogé complètement la législation en vigueur jusqu'alors pour le fonctionnement des écoles publiques. Il y est dit :

« Considérant que de tous les moyens employés pour hâter le développement de la civilisation parmi les populations indigènes, il n'en est pas de plus efficace que la propagation de la langue française ;

« Vu que l'enseignement de la langue française dans les écoles de district exige la modification des règles qui assurent le recrutement actuel du personnel enseignant ;

« Ordonnons :

« Art. 1er — *L'enseignement de la langue française* est obligatoire dans les écoles de district des Etats du protectorat, au même titre que celui de la langue tahitienne... »

Suit la nouvelle réglementation exigeant un brevet de capacité de tout candidat à l'emploi d'instituteur ou d'institutrice de district. Ces brevets étaient de deux degrés : candidats sachant parler le français ; candidats sachant lire et écrire le français. Toutes dispositions antérieures étaient rapportées : cette ordonnance devait être présentée à la sanction de l'Assemblée législative tahitienne, dans sa plus prochaine réunion.

Donc la voie est tracée : tout fait prévoir que dans un avenir prochain la jeune génération marchera à grands pas à la civilisation par l'étude de notre langue et les connaissances diverses qu'elle pourra ainsi acquérir.

Il ne devait pas en être ainsi : *une ordonnance du 23 mars 1865 rapporta celle du 3o octobre 1862* et replaça les écoles des districts sous l'empire de la loi du 7 décembre 1855 ; l'obscurité complète après un commencement de lumière.

Les motifs de ce brusque revirement sont faciles à établir ; nous les trouvons dans le premier considérant de la nouvelle ordonnance :

« Vu la demande de S. M. la Reine *réclamant pour son culte la liberté d'enseignement*, etc... »

Dans le but fort louable de soustraire définitivement les indigènes à l'influence des pasteurs anglais, le commissaire du gouvernement français de l'époque avait déterminé la Reine à soumettre à l'Assemblée législative tahitienne de 1860, une demande adressée au gouvernement pour l'envoi à Tahiti de deux pasteurs français.

Il eût semblé rationnel qu'au moment de l'établissement de notre protectorat les sociétés françaises d'évangélisation aient envoyé à Tahiti quelques-uns de leurs agents. Elles répondront à cela, comme elles l'ont fait il y a quelques années pour Madagascar, « qu'en vertu des principes qui régissent leurs églises elles ne se sentent libres d'envoyer des agents parmi les populations protestantes de cette île que si elles y sont invitées par ces populations ».

On ne peut que le regretter, car en dehors de la question de patriotisme qui doit primer toutes les autres, il est à remarquer que les missionnaires anglais ne se gênent nullement pour affirmer aux yeux des populations océaniennes leur prépondérance sur les pasteurs français et pour laisser entendre à ces populations que ces derniers n'agissent que *d'après les instructions des missions de Londres.*

L'attitude de nos pasteurs vis-à-vis de leurs con-

frères anglicans n'est pas faite pour donner un dé-
menti aux dires de ceux-ci.

L'un des pasteurs français était arrivé à Tahiti vers
la fin de l'année 1862, en résidence à Papeete, chef-
lieu des établissements ; le second ne vint qu'un peu
plus tard pour l'île voisine Moorea. De ce moment
les pasteurs anglais disparaîtront successivement par
suite de leur décès et ne seront pas remplacés. Il n'en restera qu'un seul, au chef-lieu, desservant la commu-
nauté étrangère. C'est à ce dernier que se rapportent
les considérations émises au paragraphe qui précède.

L'ordonnance du 30 octobre 1862 avait enlevé aux
ministres indigènes du culte la direction des écoles
publiques en mettant à leur tête des gens ayant donné
des preuves de leur capacité, enseignant le français.
Qu'arriverait-il si le peuple tahitien s'instruisait ?
Qu'il échapperait au pouvoir de ceux qui prétendaient
être ses maîtres, au temporel aussi bien qu'au spirituel (1).

D'un autre côté, l'administration, à la recherche
d'instituteurs enseignant le français qu'elle trouvait
difficilement et voulant assurer à bref délai l'exécu-
tion des nouvelles prescriptions, s'était vue et dans
l'obligation, *sur les demandes formelles et réitérées
des chefs et des habitants protestants*, de confier,
dans certains districts, la direction des écoles aux
missionnaires catholiques en résidence dans ces dis-

---

(1) Tout récemment encore, l'un des meilleurs de nos pasteurs
protestants français n'écrivait-il pas, au cours du récit qu'il donne
de l'une de ses tournées :

..... « En général, hélas ! plus l'indigène s'européanise, plus il
perd ses habitudes religieuses..... »

(*L'Église libre*. N· du 8 septembre 1893, page 285.)

tricts, qui avaient bien voulu accepter les fonctions d'instituteur.

Les pasteurs français nouvellement arrivés sont hommes de religion avant tout ; et guidés par leurs confrères anglicans qui craignent que leurs ouailles n'échappent à leur domination, ils ont cru voir un danger pour leur évangélisation dans une mesure sur laquelle reposait l'avenir du pays.

On ne leur a pourtant pas laissé ignorer qu'en Océanie, à Tahiti comme ailleurs, *protestant est synonyme d'Anglais ;* ils pouvaient réagir contre cette interprétation en démontrant aux indigènes qu'on peut être en même temps protestant et français ; et ce, *en se séparant nettement de leurs confrères anglicans*, en secondant de tous leurs moyens l'administration dans son œuvre de francisation par les écoles. Loin de là, leurs débuts se sont affirmés par une mesure dont le résultat a été de plonger pendant de longues années les Tahitiens dans l'ignorance de notre langue.

L'ordonnance du 30 octobre 1862 n'a pu être soumise en temps utile à la ratification de l'assemblée législative ; les pasteurs français savent qu'ils ont pour eux la loi du 7 décembre 1855, leurs confrères anglicans s'étant chargés de le leur démontrer. La Reine, bien que convaincue qu'aucun danger n'existe pour le culte qu'elle et la majorité de ses sujets professent, croit devoir donner des gages de bonne entente et d'amitié aux ministres de sa religion que la France lui envoie et... l'ordonnance du 23 mars 1865 vient étouffer l'essor qu'allait prendre la civilisation dans ces îles.

Assurément les pasteurs ont fait œuvre de protestants, *mais ont-ils fait œuvre de Français ?*

Ils savaient qu'ils ne pouvaient rien, ou très peu de chose pour l'enseignement de la langue française, n'étant pas en nombre. Et plutôt que de l'annihiler, ils devaient, dans les conditions spéciales du pays, accepter franchement le concours de leurs confrères catholiques en ne voyant en ceux-ci que des pionniers de la première heure, travaillant pour la France. Les moyens ne leur faisaient pas défaut pour arrêter court tout acte de propagande religieuse qui se fût produit dans les écoles.

On revient donc à l'ancien état de choses ; les ministres indigènes du culte protestant reprennent la direction des écoles et il est créé une situation très anormale par la disposition ci-après de la nouvelle ordonnance :

Néanmoins dans les districts où « deux cultes se trouvent établis, il pourra y avoir une école pour chacun des cultes », disposition qui restera à l'état de lettre morte attendu que les ressources bugétaires ne permettront pas d'organiser ces écoles dans des conditions convenables de vitalité. En outre, elles deviendront autant de centres de propagande reli gieuse au détriment de l'instruction.

Vers cette époque la mission protestante française créa à Papeete un établissement d'instruction pour les enfants des deux sexes qu'elle dénomma « Ecoles françaises indigènes », donnant ainsi à entendre que le dit établissement avait le monopole de l'enseignement de la langue française aux indigènes. Nous verrons plus loin ce que fut cet enseignement.

Le 6 juin 1866, M. le pasteur (?) Charles Viénot prit la direction de cet établissement.

Ce pasteur (?) n'a aucune attache officielle ou

autre avec l'administration ; et pourtant son arrivée dans la colonie a été le signal de l'ingérence cons·tante, *occulte le plus souvent*, de la mission protestante dans la marche des écoles, dans le choix des instituteurs indigènes, etc..

La mission ne s'en tiendra pas là : elle voudra s'emparer de l'esprit des gouvernants tahitiens et ne reculera devant aucun moyen, aucune compromission, pour arriver au but qu'elle poursuit : *Tahiti non pas colonie française, mais fief protestant*. En cela elle sera habilement maintenue dans cette voie par son chef : loin de s'attacher par une sage réserve à servir les intérêts religieux qui lui sont confiés, ce dernier entrera résolument dans le domaine de la politique et fera naître dans ce pays, alors calme et tranquille, une agitation qui en troublera pour longtemps l'état social, car, à Tahiti, les rivalités de religion deviendront d'autant plus passionnées qu'elles tiendront à la question de nationalité. Conséquence : adeptes de la libre-pensée et croyants du catholicisme réunis dans une action commune pour la défense des idées françaises, et concourant ensemble à la réalisation du résultat auquel tendent les efforts du gouvernement protecteur : Tahiti, colonie française.

Le matériel d'enseignement manquait; on éprouvait beaucoup de difficultés pour procurer aux écoles les quelques livres tahitiens nécessaires, *les dits livres étant imprimés par les soins des missions de Londres*. Vers 1875, l'administration, prise au dépourvu, fut informée que le pasteur anglais de Papeete était en possession de quelques-uns de ces livres et qu'il les céderait volontiers. Il s'agissait entre autres du *Voyage du pèlerin* dont j'ai parlé plus haut. A peine cet ouvrage eut-il été distribué dans les écoles, que le chef inspecteur de la police signala à la direction des affaires indigènes certain passage du dit livre peu flatteur pour la France. Il s'agissait d'une ville dont les rues portaient les noms des pays ou des capitales de l'Europe ; on indiquait au pèlerin où il devait s'arrêter, *en le mettant en garde, dans des termes injurieux, contre la rue de France, ou de Paris.* Tout le livre est en même temps une charge à fond contre le catholicisme.

L'administration, à son insu, prenait parti dans une question de dogme ; sans compter que les scènes représentées par les gravures dont l'ouvrage est orné, et qui sont particulièrement suggestives, étaient commentées aux indigènes dans un sens peu en rapport avec le texte. On allait très loin ; au besoin je préciserais. Ce livre fut immédiatement retiré : le pasteur français officiel de Papeete lui-même fit toute diligence pour rechercher les exemplaires qui auraient pu échapper aux investigations des autorités.

A ce sujet, et pour mieux préciser le but de cette étude, je rends ici hommage à l'attitude, pendant la durée de mon séjour dans la colonie, des deux pasteurs français officiels, MM. Vernier et Brun, plus particulièrement de M. Vernier, pasteur du chef-lieu, dont les rapports avec l'administration ont toujours été des plus corrects. Il a su s'attirer les sympathies et le respect de tous ; laissé à son initiative personnelle, il eût peut-être agi pour le plus grand bien de son évangélisation et de l'avenir du pays.

Au mois de novembre 1877, nouvelle réglementation : là encore on n'ose échapper entièrement à la loi du 7 décembre 1855. On essaya de tourner la difficulté sans la franchir : les ministres du culte restèrent les instituteurs titulaires, ils furent secondés par des instituteurs ou institutrices suppléants qui, en raison des fonctions des ministres, étaient responsables de la direction des écoles. L'école redevint unique pour chaque district.

La mission protestante voulut bien ne pas élever de réclamations dans la colonie même contre cette interprétation des dispositions de la loi de 1855, mais elle fit agir en France, de sorte qu'en 1879, des instructions du ministre de la marine et des colonies de l'époque, insérées au bulletin officiel de la colonie, enjoignirent à l'administration *de diriger l'instruction dans le sens de la majorité religieuse du pays* (1).

Voyons un peu quelle était en fait cette *majorité religieuse* de laquelle on a trop souvent fait état. Si l'on s'arrête aux deux îles de Tahiti et Moorea, évidemment la majorité est protestante ; mais si l'on considère l'ensemble de nos établissements, on constate les résultats suivants (Recensement de 1881) :

	CATHOLIQUES	PROTESTANTS
Iles Tahiti et Moorea	1.832	8.002
Archipel des Tuamotu	3.700	»
— des Gambier	400	10
— de Tubuai	4	131
— des Marquises	3.264	250
Totaux	9.200	8.393

Les chiffres de cette époque s'appliquent seulement aux îles dans lesquelles l'état civil était régulièrement constitué, car la population totale des

(1) Voir le texte complet de cette circulaire à l'annexe n° 1.

divers archipels s'élève à environ 35.000 habitants. Aucun missionnaire protestant n'était établi dans l'archipel des Tuamotu dont on évalue la population à 8.000 habitants environ, non plus qu'aux îles Marquises qui représentent un chiffre à peu près égal.

Donc si l'on eût pris à la lettre les recommandations ministérielles, il ne restait à l'administration qu'à *catholiciser* les écoles !

Les maîtres pour l'enseignement du français manquaient toujours. Et pourtant à chaque visite des hautes autorités dans les districts, les habitants demandaient l'instruction en français pour leurs enfants. J'ai encore présents à la mémoire les termes dans lesquels s'exprimaient les chefs parlant au nom de la population : « Vous nous dites que les ressources du budget ne vous permettent pas de faire venir des instituteurs de France, mais vous avez sur les lieux, parmi nous, des missionnaires catholiques français qui ne demandent pas mieux que d'instruire nos enfants ; mettez-les à la tête de nos écoles : nous ne craignons pas leur propagande et d'ailleurs nous sommes là pour veiller. »

Les administrateurs répondaient évasivement : ils avaient les bras liés.

Même après l'annexion, l'administration se trouva aux prises avec les mêmes difficultés et n'osa pas donner suite à ces demandes réitérées.

Le recueil officiel des procès verbaux des séances du conseil colonial, année 1883, en fait foi (1).

Différents actes avaient institué et réglementé des concours publics annuels de langue française pour

(1) Voir annexe n° 2.

les écoles des districts, publiques et libres. Des prix en argent étaient décernés aux meilleurs élèves ainsi qu'aux maîtres. Quelques parents parmi les protestants, désireux avant tout de faire donner l'enseignement français à leurs enfants, les envoyaient à l'école libre du missionnaire catholique. Il n'était pas rare que peu de temps avant le concours, un enfant plus instruit fût retiré de l'école du missionnaire catholique à l'instigation de la mission protestante et présenté comme provenant de l'école publique, dont le pasteur indigène était l'instituteur titulaire ; certains parents se sont vus menacés de l'interdiction de la cène si, ne voulant pas se prêter à cette supercherie, ils envoyaient leurs enfants au concours. J'ai été personnellement témoin du fait ci-après : A l'inspection des écoles de l'île Moorea, en 1882, la commission déléguée par le conseil de l'instruction publique remarqua à l'école libre du district de Haapiti, tenue par le missionnaire catholique Joseph Eich, un jeune garçon d'une douzaine d'années, dont les connaissances en langue française étonnèrent les membres de cette commission. Recommandation fut faite au missionnaire de présenter cet enfant au prochain concours. A la date fixée ce jeune garçon ne se fit pas inscrire ; renseignements pris, je fus informé que la famille avait été menacée d'être exclue de la communion, si l'enfant était présenté au concours comme provenant de l'école du missionnaire catholique. La famille, peu aisée, perdit dans cette circonstance une somme assez importante, le prix qu'il eût obtenu, et le missionnaire la récompense de ses efforts.

Ce fait et d'autres encore ont eu leur écho dans la

séance du conseil colonial du 6 novembre 1883.
Voici en quels termes s'exprime l'un des honorables
conseillers (page 73) :

« Je désire, d'autre part, appeler l'attention parti-
culière de la commission d'examen sur la nécessité
qu'il y aura désormais de s'assurer au préalable de la
provenance des élèves arrivant au concours. Il m'est
revenu que quelques-uns ne provenaient pas toujours
de l'école qui les présentait, ou du moins n'y avaient
passé qu'un nombre de jours insignifiants... »

Faut-il démontrer que, malgré l'opposition de la
mission protestante, la population indigène ne redoutait pas pour ses enfants les écoles tenues par les
congréganistes catholiques français ?

A la rentrée des classes de l'année scolaire 1882-
1883, les écoles publiques de Papeete, dirigées par
les Frères de Ploërmel et les Sœurs de Saint-Joseph
de Cluny, furent laïcisées. La direction en fut confiée
à un personnel *laïque* (?) envoyé de France. Il se
trouva que la majorité du personnel laïque en question — était-ce pur hasard ? — appartenait à la religion
réformée. Eh bien ! les Frères et les Sœurs ayant été
autorisés à ouvrir des écoles libres, tous leurs anciens
élèves, catholiques et protestants, les suivirent ;
l'encombrement fut tel que le manque d'espace ayant
obligé la mission catholique, qui avait fait les premiers frais de l'installation, à refuser quelques enfants
protestants, l'un des conseillers coloniaux indigènes,
protestant convaincu et influent, s'éleva en plein
conseil contre cette mesure (1).

La plupart des résidents étrangers, anglais, améri-

(1) Voir annexe n° 3.

cains et d'autres nationalités, appartenant eux aussi à la religion réformée, n'ont pas craint d'envoyer leurs enfants aux écoles publiques tenues par les congréganistes catholiques, alors qu'ils avaient à leur disposition les écoles de la mission protestante, les fameuses « Écoles françaises indigènes ». Ils ont suivi les dits congréganistes à leurs écoles libres qu'ils ont même subventionnées de leurs deniers.

Quelques chiffres à l'appui de mes dires.

Le 8 novembre 1881, alors qu'elle était encore école publique, l'école des Frères à Papeete comptait:

63 élèves catholiques ⎫
52   —   protestants ⎬ 115 élèves.

Le 8 novembre 1882, devenue école libre, elle réunissait :

72 élèves catholiques ⎫
61   —   protestants ⎬ 133 élèves.

Enfin le 28 juillet 1883, elle arrivait au chiffre de :

80 élèves catholiques ⎫
71   —   protestants ⎬ 151 élèves.

Extrait du même recueil cité plus haut, page 80.)

Qu'on parle après cela de sentiments religieux froissés, de liberté de conscience menacée, etc...

Pendant que l'administration, sous le prétexte de laïcisation, se voyait dans l'obligation de refuser les services des congréganistes catholiques, certains, parmi les instituteurs laïques qu'on lui envoyait de France, avaient pour toutes références une pièce ainsi timbrée : *Société française d'évangélisation. — Le pasteur Th. Lorrieux, agent général. —* Il est vrai que les titulaires de cette pièce étaient vêtus comme tout le monde : *l'absence d'une soutane les laïcisait.*

Voici d'ailleurs, dix-huit mois après la laïcisation des écoles de Papeete, les termes dans lesquels s'exprimait un pasteur français nouveau venu à Tahiti, dans une lettre adressée en mars 1884 à leur maison mère de la rue Arago, 112, à Paris, et rendue publique par le *Messager de Tahiti* dans son numéro du 15 février 1887 :

« Les Frères et les Sœurs n'ont reçu qu'à titre provisoire la direction de ces établissements (les écoles de Mataîea) et nous faisons des vœux bien ardents pour que vienne, sans trop tarder, *un personnel de notre culte pour les remplacer.* »

C'est cela que dans une certaine sphère on appelle l'enseignement laïque.

J'ai dit que la Mission protestante avait créé à Papeete une institution pour les enfants des deux sexes qu'elle avait dénommée « Ecoles françaises indigènes ».

Cette appellation n'a pas été justifiée, de mon temps au moins. A l'exception de deux ou trois jeunes filles, habituellement de la colonie étrangère, qui sortaient chaque année munies de connaissances assez étendues, le plus grand nombre ne recevait qu'une instruction très rudimentaire. Quant aux garçons, la délégation du Conseil de l'instruction publique appelée à visiter ces écoles en 1880, 1881 et 1882, ne fut pas peu surprise de constater *qu'un instituteur français, venu de la métropole, faisait la classe... en tahitien et que l'on se servait comme livre de lecture courante du « Voyage du pèlerin ».* — Cette école de garçons n'a donné, à aucune époque, de résultats appréciables ; aussi a-t-elle été fermée, si mes sou-

venirs sont exacts, a la fin de l'année scolaire 1882.
L'école des filles n'a pas cessé d'exister et, lors d'un
voyage en France, M. Viénot a ramené un personnel
d'institutrices, en 1885, je crois.

Etait-ce pour indiquer de quelle façon les « Ecoles
françaises indigènes » comprenaient la diffusion de
la langue française chez les indigènes que les presses
de leur imprimerie étaient employées, vers 1879, à
rééditer les premiers livres de lecture en tahitien dont
j'ai parlé ? Si encore la traduction française se fût
trouvée en regard du texte tahitien ! — En 1882 pourtant elles ont imprimé un vocabulaire français-tahitien, œuvre de M. le pasteur Vernier. Très utile à
ceux d'entre nous qui veulent converser avec les Tahitiens, je ne sais si ce livre rendra le même service aux
Tahitiens pour l'étude du français.

Je crois avoir suffisamment prouvé, par des faits,
qu'à Tahiti le protestantisme n'a jamais fait œuvre
de francisation par l'instruction. Voyons maintenant
quelle a été son action au point de vue politique.

Les premières années qui suivent l'arrivée de
M. Viénot ne présentent rien d'anormal : le chef de
la mission se concentre, étudie. La reine Pomare IV
voit en lui le principal représentant de la religion
qui a donné la souveraineté à sa famille. Elle est
disposée à l'écouter, autant qu'il restera dans sa
sphère de ministre de la religion ; d'ailleurs, il ne
brusquera rien, les finesses du langage tahitien sont
assez difficiles à comprendre et surtout à exprimer.
En 1873, un premier pas est fait en avant : jusque-là
les églises tahitiennes n'avaient aucun lien entre elles,
chaque district élisait son pasteur dont l'élection
était ratifiée par la Reine et le commissaire du gouver-

nement français. Le chef de la mission protestante obtient un acte qui place ces églises sous sa direction. Les pasteurs tahitiens, les chefs protestent : on les laisse dire, la nouvelle organisation suit son cours.

Fort de ce premier succès, M. Viénot croit le moment venu d'intervenir dans différents actes de l'administration ; on l'écoute, on discute avec lui, son rôle tend à s'affirmer. Le mariage du futur héritier de la couronne, le prince Ariiaue (28 janvier 1875), avec Joanna Marau Salmon, anglaise de naissance, de cœur et de relations, permet à la mission protestante d'escompter l'avenir par l'ascendant qu'elle aura sur la jeune femme. De ce côté on est trompé, l'accord ne peut se faire entre les époux ; l'intervention du chef de la mission, pour essayer un rapprochement lorsque Ariiaue sera monté sur le trône, lui attirera, de la part de ce dernier, une réponse cinglante, qu'il a dû méditer plus d'une fois lorsque, pour se reposer des fatigues du sacerdoce, il contemple, dans sa propriété de Papaoa, le ciel étoilé éclairant discrètement les bords de la plage.

En 1877, M. Viénot veut intervenir dans la nomination des instituteurs suppléants : à l'occasion de l'élection d'un de ces fonctionnaires par les habitants du district de Papenoo, il adresse une lettre comminatoire au directeur des affaires indigènes. Ce chef d'administration renvoie M. Viénot à ses ouailles, dans une réponse ferme et motivée. A quel titre M. Viénot, ministre libre d'un culte, se permet-il d'intervenir dans les actes administratifs ? — La leçon était rude, mais méritée.

Le 17 septembre 1877, la reine Pomare IV meurt,

après quelques jours seulement d'une maladie qui ne faisait pas prévoir ce dénouement à si bref délai. La couronne revenait à son héritier direct, son fils aîné Ariiaue. Une opposition paraît vouloir se manifester : il ne faudrait pas qu'Ariiaue succédât car, vivant séparé de sa femme, l'influence de la mission protestante sur cette dernière ne pourra servir les vues de son chef. Madame Marau, anglaise par son père, descend, par sa mère, de la famille la plus influente de l'île avant l'arrivée de Pomare au pouvoir. *S'il était possible de déterminer un mouvement en sa faveur !*

M. le contre-amiral Serre, commandant en chef la division navale de l'océan Pacifique, que les circonstances avaient amené à assurer provisoirement le commandement des établissements français de l'Océanie — heureusement pour notre influence, car il fallait à ce moment un administrateur énergique — prend immédiatement des mesures qui ont pour effet de couper court à toute tentative d'obstruction. Le 24 septembre, toutes les autorités françaises et indigènes sont réunies dans la grande salle du palais de justice (ancien palais de l'Assemblée législative tahitienne). Les troupes sont sous les armes, les compagnies de débarquement de la division navale sont à terre. L'amiral, ayant Ariiaue à sa droite, donne lecture d'une proclamation au peuple tahitien, dont chaque phrase est traduite immédiatement par l'interprète Barff ; il termine par ces paroles :

« Et saluez avec moi Pomare V, roi des Iles de la Société et dépendances. » — *Le pasteur indigène Maheanuu, oncle par alliance de madame Marau et porte-parole de l'opposition, se lève pour protester ;* mais aux derniers mots prononcés par l'amiral, la musique de la division navale, placée à l'entrée de la salle, fait entendre l'air tahitien, les canons de la frégate amirale et du fort du mont Faiere se donnent la réplique dans une salve respective de 21 coups de canon, le roi et l'amiral suivis de tous les assistants défilent au milieu de la haie formée par les troupes... et il ne reste plus aux opposants qu'à faire chorus avec la population acclamant le nouveau roi !...

C'était un échec pour le chef de la mission protestante ; il ne se décourage pas, bien que Pomare V ne paraisse pas faire grand cas de son intervention dans les affaires du royaume. Même, comme je viens de le dire, lorsqu'il se permet d'entretenir le roi au sujet de ses affaires personnelles, ce dernier se refuse d'une façon péremptoire à l'écouter.

En 1879, le gouvernement français pensa que le moment était favorable pour asseoir plus solidement notre influence en Océanie. Le roi, de son côté, n'envisageait pas sans tristesse, pour des motifs d'ordre intime, la destinée réservée au peuple tahitien dans le cas où il viendrait à lui manquer ; il voyait les compétitions sourdre de tous côtés, il sentait qu'on escomptait le moment où il disparaîtrait.

M. Isidore Chessé, appelé par décret du 3 décembre 1879 aux fonctions de commandant des établissements français de l'Océanie, commissaire de la République aux Iles de la Société et dépendances, arriva dans la colonie à la fin de mars 1880. Il se mit immédiatement en rapport avec ceux des résidants et fonctionnaires que leur situation, les connaissances qu'ils paraissaient avoir des hommes et des choses, pouvaient le renseigner sur l'état des esprits, et faciliter son action;

A ses premières entrevues avec le chef de la mission protestante, le représentant de la France dut constater avec surprise qu'il se trouvait en présence, non pas d'un homme de religion convaincu, mais d'un ambitieux ne se servant de son prestige de chef d'un culte que pour satisfaire sa soif du pouvoir, ses appétits personnels, *hostile à toute idée d'annexion*, ayant intérêt à ce que le pays restât tahitien, convaincu que si l'événement qu'il escomptait (la mort du roi) se réalisait, il serait le vrai maître à Tahiti, soit que la régence fût dévolue à Mme Marau, soit que la couronne échût à la jeune princesse Teriivaetua, fille d'un frère du roi, héritière éventuelle du trône des Pomare, que la mission protestante faisait élever chez M. le pasteur Brun, à l'île voisine Moorea.

Il fallut agir en conséquence et sans perdre un instant. Les chefs, convoqués d'abord pour le 5 juillet 1880, furent, le 26 juin, avisés d'urgence (et pour cause) de se trouver à Papeete le 29 juin, à 8 heures du matin. Tous furent présents, et à 8 h. 40, au palais du gouvernement fut signé l'acte mettant la France en possession définitive de l'île Tahiti et dépendances. M. Chessé avait habilement triomphé de l'opposition.

Le même jour, à midi, sur la place Bruat, devant toute la population de la ville, en présence du Roi, du commissaire du gouvernement français, des représentants des puissances étrangères, des fonctionnaires de tous ordres et de tous rangs, des officiers de tous grades, le drapeau français était hissé par deux chefs tahitiens, au cri répété de « Vive la France ». Deux notabilités manquaient à cette patriotique cérémonie : le consul de Sa Majesté Britannique et le chef de la mission protestante française, rapprochement qui fut vivement commenté.

Au sujet de l'annexion de Tahiti, je désire protester contre une assertion trop souvent répétée, et que j'ai entendu affirmer dans un cours public d'histoire coloniale fait à Dijon en 1891. Dans sa conférence sur Tahiti, l'honorable professeur chargé de ce cours répéta par trois fois, comme pour donner plus de poids à ses paroles, que le roi Pomare V *avait vendu son pays à la France*. Il n'en est rien : des motifs d'ordre politique de notre côté et d'ordre privé, je le répète, du côté du roi, ont amené cette annexion. Par suite, il a été stipulé un revenu viager pour le Roi et les membres de la famille royale. Les sommes payées annuellement au roi représentaient : 1° le montant de l'indemnité que le gouvernement français versait au souverain depuis l'établissement du protectorat, pour tenir lieu des droits divers perçus antérieurement par le gouvernement tahitien ; 2° le montant de la liste civile payée par les Tahitiens ; 3° une évaluation largement calculée, si l'on veut, de la valeur des cadeaux en nature qu'il était d'usage au souverain de prélever sur ses sujets.

Ces derniers, devenant citoyens français, étaient déliés de toute redevance envers leur roi.

Ceci dit pour détruire, *en France*, une fausseté répandue et propagée par ceux dont les espérances ont été déçues, car, à Tahiti, il est de notoriété publique que lors des premières tentatives d'annexion à la France faites par M. le capitaine de vaisseau Planche, prédécesseur immédiat de M. Chessé, ni les offres pécuniaires, ni les menaces n'ont été ménagées et qu'elles n'ont eu d'autre effet sur l'esprit du Roi que de l'exciter contre la France : « Si tu veux, prends mon pays, finit-il par lui dire ou à peu près ; prends-le, mais je ne te le donnerai pas. »

Les documents officiels sont là, d'ailleurs, qui feront un jour, je l'espère, *l'histoire vraie* de cette annexion.

Le *Messager de Tahiti*, du 13 juin 1891, enregistrant la mort de Pomare V, s'exprimait en ces termes au sujet du traité d'annexion :

« Cet acte, qui prouve la sagesse du prince défunt et la prévoyante sollicitude qu'il portait à son peuple, lui vaudra la reconnaissance de l'histoire et de la postérité. »

Nous venons de voir que l'annexion de Tahiti à la France avait eu lieu non seulement en dehors du concours de la mission protestante, *mais encore malgré l'opposition du chef de cette mission.* Et pourtant, homme de ressources, il a su tirer de cet événement encore plus de force. On crut, en France, et on est encore persuadé en haut lieu, que le protestantisme, représenté par M. Viénot, nous a donné Tahiti. Sur cet article de foi, la puissance de ce dernier parvint à son apogée.

Les administrateurs de tous ordres durent compter avec lui ; et les *gouvernants métropolitains* ne voulant, je le veux bien, qu'assurer la liberté de conscience qu'on leur disait menacée, adressaient, en conséquence, des instructions à l'administration de la colonie; qu'ils amenaient ainsi *à faire œuvre de protestantisme.*

Dans la période qui a suivi l'annexion jusqu'à mon départ, les dépêches ministérielles se succédaient, admonestant les administrateurs qui n'en

pouvaient mais, étonnés d'apprendre qu'ils ne gar-
daient pas envers certain culte (lisez culte catholique) la réserve à laquelle ils étaient tenus de par
leurs fonctions. Est-ce que le directeur de l'intérieur (1), en service dans la colonie en 1885, ne fut
pas rappelé à l'ordre dans une dépêche de quatre
pages ! — Il avait commis l'énormité, ayant un
jeune garçon déjà d'un certain âge, ne pouvant rece-
voir, à l'école publique, l'instruction à laquelle il
était en droit de prétendre, de l'envoyer chaque jour
une heure ou deux, prendre une leçon auprès du
directeur de l'école des Frères. Nul doute qu'il eût
reçu des félicitations s'il l'eût envoyé à l'école Viénot.

Les dénonciations contre les hauts fonctionnaires
allaient à Paris. Pour les autres, M. Viénot se char-
geait personnellement de la besogne auprès des autorités de la colonie, Je cite une de ces dénonciations
parce qu'elle est caractéristique.

Au mois de novembre 1881, peu de temps après la
prise de service de M. le gouverneur Dorlodot des
Essarts, M. le sous-commissaire [de la marine,
Prioux, faisant fonctions de directeur de l'intérieur,
M. Viénot se présenta au cabinet de ce chef d'administration à l'effet de déposer une plainte contre le
commissaire de police de Papeete, chef inspecteur de
la police indigène, et le chef de bureau de l'administration générale de l'instruction publique et des
cultes qui avaient, disait-il, dans une réunion
publique pour les élections au conseil colonial, fait
de la propagande contre lui et ses partisans. (A Tahiti,

_____

(1) C'était alors M. L. Gerville-Réache, frère du député de la
Guadeloupe.

la mission protestante ne fait pas de politique,
n'est-ce pas ?) (1). Or, il résulta de l'enquête : 1° que
le chef de bureau était, ce jour-là, chez lui, alité ;
2° que le commissaire de police avait émis en *a
parte* une observation que les agents secrets de
M. Viénot s'étaient empressés de porter à sa connaissance : lui ou ceux-ci en avaient dénaturé et la forme
et l'esprit.

Sans entrer ici dans d'autres détails touchant l'intervention, l'action systématiquement protestante des
autorités locales, surtout du ministère dans les affaires politiques et administratives des établissements
français de l'Océanie, je me contenterai de prier le
lecteur de vouloir bien se reporter aux annexes qui
terminent ce travail et qui, tirés de documents officiels publics de la colonie, ont trait plus particulièrement à la *propagande en chaire* pour l'élection du
délégué au conseil supérieur des colonies, ainsi
qu'aux autres élections, en général (2).

On remarquera surtout, je pense, les extraits que je
donne du décret du 23 janvier 1884, portant organisation des Eglises tahitiennes, décret qui a donné
un pouvoir sans réserve au chef de la mission, a créé
un Etat dans l'Etat, et, pour tout dire, *une religion
d'Etat*, à l'instar de ce qui existe en Angleterre, en
faisant intervenir l'administration dans des discussions d'ordre purement confessionnel (3).

Je pourrais aussi parler des travaux imposés aux
fidèles — et les Tahitiens n'osent pas s'y soustraire —

(1) Voir annexe n° 4.
(2) Voir annexe n° 5.
(3) Voir annexe n° 6.

pour la confection de ces menus ouvrages, que le chef de la mission emporte en France, lors de ses voyages et qu'il offre aux gros bonnets du protestantisme et autres, comme cadeaux *spontanés* des indigènes.

Mais j'en ai dit assez pour faire ressortir quelle a été, à Tahiti, l'attitude de la mission protestante et de son chef, jusqu'en 1886, époque à laquelle j'ai quitté la colonie.

Et puisque la question actuelle est de savoir si le protestantisme francisera ou ne francisera pas Madagascar, que ceux qui auront bien voulu prêter quelque attention à ces lignes concluent !

Pour moi, je dis : *Non, le protestantisme ne francisera pas Madagascar* tant que ses ministres ne se sépareront pas de leurs confrères anglicans, tant que les méthodistes les traîneront à leur remorque. Ces derniers se serviront des pasteurs français pour consolider leur influence. Sous couleur d'évangélisation, ils continueront à répandre à profusion ces libelles qui, comme à Tahiti, ne serviront qu'à rendre la religion inséparable de la nationalité. Et non seulement à Madagascar, mais partout où pénètreront les méthodistes.

En 1878, la Bible et la multitude des publications distribuées par eux étaient éditées par les missions de Londres en *215 langues ou dialectes.*

Peut-on espérer une scission ? Elle paraît bien improbable si l'on se réfère aux termes dans lesquels certains de ceux qui professent la religion réformée, et non des moindres, envisagent la question française à Madagascar

Ainsi par exemple :

Sibree, *Madagascar et ses habitants*, traduit de l'anglais par H. Monod, pasteur et Henry Monod, avocat. *Préface de H. Monod.*

Extrait de la préface :

« Quelques pages de ce livre, en petit nombre du reste, pourront affecter désagréablement la fibre patriotique des lecteurs français. Nous voulons parler de celles qui touchent aux relations politiques à Madagascar avec la France et l'Angleterre. Nous pourrions citer maints endroits où l'auteur rend hommage, avec une impartialité qui l'honore, à tel ou tel de nos compatriotes ; mais en général les rapprochements amenés dans cet ordre d'idées ne sont pas à l'avantage de notre pays. Le jugement de l'auteur en pareille matière est-il toujours juste ? ou bien a-t-il été influencé par une partialité bien naturelle envers ses compatriotes ? Nous n'avons pas les éléments nécessaires pour décider cette question au point de vue politique. Mais si, laissant de côté la qualité politique, nous nous plaçons au point de vue religieux qui est celui de l'auteur et du livre, nous sommes obligés de reconnaître *qu'il est heureux pour le vrai bien de Madagascar que l'influence anglaise ait prévalu dans cette île sur celle de la France*, et le christianisme évangélique sur celui de Rome. »

Je termine sur cette citation et je la rapproche des agissements de la mission protestante en Océanie pour l'édification de ceux qui affirment « que le protestantisme franciserait Madagascar aussi complètement qu'il a francisé Tahiti sous les auspices et grâce à la ténacité du missionnaire Viénot ».

FIN

ANNEXES

ANNEXE N° I

*Bulletin officiel des Établissements français de l'Océanie
et du Protectorat des Iles de la Société et dépendances.
— Année 1879, page 156.*

N° 283. — Dépêche ministérielle au sujet des modifications à apporter dans le service de l'Instruction publique.

(Direction des Colonies, 2ᵉ bureau.)

Paris, le 14 mai 1879.

Monsieur le Commandant,

Par lettre du 12 février dernier, vous m'avez rendu compte qu'à l'occasion de la discussion du budget local, le Conseil d'administration de Tahiti avait désiré être éclairé sur la nature et la durée des contrats pouvant exister avec les congrégations religieuses chargées de l'instruction publique dans l'île. Par suite, vous me demandez à connaître si ces contrats sont exclusifs et peuvent être résiliés.

J'ai l'honneur de vous informer que le Département n'est lié avec l'Institut des Frères de Ploërmel et la congrégation des Sœurs de Saint-Joseph de Cluny, dont les membres exercent dans la colonie, par aucune clause qui puisse empêcher d'employer un autre personnel pour diriger les écoles.

Rien ne s'oppose donc à la modification de l'état de choses actuel dans la limite des crédits que le budget local peut permettre de consacrer au service de l'enseignement.

Dans ma dépêche du 28 février dernier, portant envoi d'un projet de réorganisation des Églises thahitiennes, j'ai appelé votre attention sur la nécessité, indiquée dans ce travail, de remanier le budget de l'instruction publique de telle sorte que la répartition des ressources locales fût faite, autant que possible, *au prorata du nombre des élèves qui appartiennent à chaque religion* (?) (1).

Ces vues impliquent nécessairement l'OPPORTUNITÉ *de diriger l'instruction conformément aux idées religieuses de la majorité de la population de la colonie.* Cette manière d'agir me semble d'ailleurs la plus conforme aux intérêts de notre politique et semble tout particulièrement indiquée par la préoccupation du Conseil d'administration dont vous me faites part.

Je recevrai, avec intérêt, les communications que vous m'adresserez au sujet de cette importante question.

Recevez, etc.

Le Vice-Amiral,
Ministre de la Marine et des Colonies,
Signé : JAURÉGUIBERRY.

ANNEXE N° 2

CONSEIL COLONIAL, SÉANCE DU 17 OCTOBRE 1883.
Recueil des procès verbaux, p. 200.

« *Monsieur le Directeur de l'Intérieur*........... C'est qu'à côté de cette question de l'instruction publique,

(1) Voir la statistique relative à l'école des Frères.

se trouve celle aussi grave des cultes, qui, dans ce pays, vous ne l'ignorez pas, Messieurs, a une très grande importance. L'Administration s'est demandé si les mesures qu'elle allait prendre n'allaient pas occasionner des froissements. Obligée de choisir entre des instituteurs, rares et fort chers, et des congréganistes moins coûteux, mais discutés par les membres de la religion protestante, les difficultés avec lesquelles elle s'est trouvée aux prises ont pesé sur ses résolutions qu'elle tient encore en suspens.

« Cependant, je dois vous faire connaître, Messieurs, qu'au cours de ma dernière tournée, *j'ai recueilli des vœux bien significatifs. Ainsi, dans plusieurs districts, on m'a réclamé à grands cris des instituteurs, en ajoutant qu'on recevrait avec plaisir des congréganistes, si les laïques faisaient défaut.* »

. . . .

———

ANNEXE N° 3

CONSEIL COLONIAL, Séance du 8 novembre 1883.
Recueil des procès verbaux, p. 82.

. . . .

M. P... dit que si, dans la dernière séance, il a parlé d'appréhensions et de rivalités religieuses, ce n'est pas sans motifs. Il avait connaisance de faits tout récents, qui viennent confirmer ces appréhensions. M. l'évêque d'Axiéré aurait, a-t-il entendu dire dernièrement, fermé les écoles des Frères aux enfants de plusieurs familles protestantes..........

M. R... demande la parole.

Il veut d'abord renseigner M. P... sur les faits que ce dernier vient de signaler et qui ont été, d'après lui, singulièrement grossis. M. P... ne paraît pas savoir exactement ce qui s'est passé.

Personne n'ignore, dit M. R..., que le nombre d'élèves qui suivent les cours des Frères augmente tous les jours. Or, il est arrivé, il y a quelque temps, que l'affluence étai tellement considérable que l'évêque a dû, en considération* du peu de ressources de l'établissement, réduit à se suffire, prendre une mesure qui a écarté des bancs de l'école quelques enfants, le trop plein, que, *malgré la meilleure volonté du monde, il a été reconnu impossible d'admettre.* Ces enfants, à la vérité, étaient de famille protestante. Mais il serait injuste d'oublier, ajoute-t-il, qu'ils se présentaient à une école libre et, qui plus est, catholique....

———

ANNEXE N° 4

CIRCULAIRE DE M. CHARLES VIÉNOT
*Président du Conseil supérieur
des Églises thaitiennes,
au sujet des Élections au Conseil général.*

TEXTE TAHITIEN

Papeete, te 28 no Titepa 1893.

Na te mau Orom etua e te mau Diatono no Tahiti.

E hoa ino e
Ia ora na outou i te atua

Tou manao i teie i maiti raá i mua nei ra maori ra ho ia *te faaca* roa. — Teie ra te faaroo nei au e, te rave hia nei tou ioa, ei taparahi i tou mau hoa !

No taua vahi ra, te faaite papu atu nei au ia outou ahiri au i faao i roto i teie nei tatau raa tera ra ia tau mau feia e tona atu maori ra to tatou mau hoa tahito e teienei a Arioi, Tematahi, Temarii, Tenahe.

Eiaha e vare e te tahi e atu

to outou hoa

CH. VIÉNOT

TEXTE FRANÇAIS

Papeete, le 28 Septembre 1893.

Aux pasteurs et aux diacres de Tahiti.

Chers amis,

Salut à vous de par Dieu !

Ma pensée aux prochaines élections est de rester neutre. Mais j'apprends que l'on doit se servir de mon nom pour combattre mes amis !

A cet égard, je vous déclare franchement que si j'avais à intervenir dans cette lutte, les personnes que je vous recommanderais ne seraient autres que nos anciens amis qui sont encore aujourd'hui : Arioi, Tematahi, Temarii, Tenahe.

N'écoutez pas les autres !

Votre ami,

Signé : CH. VIÉNOT

———

ANNEXE N° 5

CONSEIL GÉNÉRAL, SÉANCE DU 30 NOVEMBRE 1886. *Recueil des procès verbaux, p. 466 et suivantes.*

Election du délégué au Conseil supérieur des Colonies.

« Je ne parlerai pas des prêches dans les temples où la bénédiction du Très-Haut était appelée sur le candidat mystérieux, ni des voitures en or et autres amorces du même genre offertes à ces bons Tahitiens. . . . .

« Monsieur X... est d'avis de remanier l'ordre du jour proposé dans le sens d'une transmission au Ministre par l'intermédiaire du Président du Conseil général, avec cette modification que l'élection de Monsieur N... est due à une *violation de la loi.* . . . .

. . . .

N. B. — Rien ne paraît changé, d'ailleurs, à ce sujet depuis mon départ de la colonie, puisque je trouve dans une publication protestante, *l'Eglise Libre*, n° du 22 décembre 1893, l'entrefilet suivant :

« Un décret a nommé M. N. ., membre du Conseil supérieur des Colonies ; on sait que notre ami, délégué de Tahiti à ce Conseil, *n'avait pas été réélu* à l'expiration de son mandat, grâce aux efforts de tous les adversaires de l'influence protestante et à l'incroyable manœuvre d'un personnage que nous ne voulons pas nommer.

« *Cette injustice est réparée* dans la mesure du possible et nous nous en félicitons, car la présence de M. N... dans le Conseil des Colonies *est une garantie pour les droits de nos missionnaires.* »

Cela a été, entre parenthèses, non seulement un acte « *confessionnel* » de la part du ministère, non seulement aussi un acte anticonstitutionnel puisqu'il redresse les « *injustices* » du suffrage universel, mais encore une violation flagrante des dispositions du décret du 29 mai 1890, réorganisant le Conseil supérieur des Colonies.

« Art. 2. — Le Conseil supérieur des Colonies . . . . comprend :

« 4° Des membres désignés à raison de leur connaissance spéciale des questions coloniales, choisis parmi les membres du Parlement, les fonctionnaires ou anciens fonctionnaires des colonies et protectorats, et les personnes ayant séjourné dans nos possessions d'outre-mer. »

A quelle catégorie appartient Monsieur N... ?

ANNEXE Nº 6

DÉCRET DU 23 JANVIER 1884
portant organisation des Églises tahitiennes.

« Art. 21. — Le Conseil supérieur ne doit traiter dans ses délibérations ou décisions d'aucune matière politique, ou d'aucune matière administrative *qui soient étrangères aux questions religieuses et ecclésiastiques.*

. . . .

« Art. 22. — Les décisions prises dans le Conseil supérieur sont immédiatement communiquées au Gouvernement..... et rendues exécutoires, si dans le délai de huit jours, le Gouvernement n'a pas fait opposition.

« En cas d'opposition, le Conseil supérieur doit être convoqué..... pour délibérer de nouveau *en présence d'un délégué du gouvernement qui a voix consultative.*

« Si le Conseil supérieur maintient sa première décision et si le Gouvernement persiste dans son opposition, l'affaire est portée..... devant un Conseil spécial désigné chaque année..... composé du Directeur de l'intérieur, etc.....

« *Les décisions de ce conseil spécial sont définitives.* »

N. B. — Ce qui fait entrer le gouvernement et l'administration dans la responsabilité des actes d'Église, et ce qui autorise les pasteurs à dire : *C'est l'ordre du Gouvernement !*

———

CONSEIL GÉNÉRAL, Séance du 30 novembre 1886.
Recueil des procès verbaux, p. 485 et suivantes.

Vœu relatif à l'abrogation du décret du 23 janvier 1884.

« Monsieur le Président donne lecture de la motion suivante, sur laquelle il appelle le Conseil à se prononcer :

« Le Conseil général émet le vœu que le décret du 23 janvier 1884 organisant les Églises tahitiennes protestantes dans les établissements français de l'Océanie, soit rapporté, et que l'on en revienne purement et simplement à la loi du 18 germinal an X, promulguée dans la colonie depuis 1874.

Signé : Martiny, Lentzen, Raoulx, Wilmot.

. . . .

« Grâce à ce décret, on a pu mettre à terre toutes les Églises qui avaient jusqu'alors conservé une certaine indépendance, l'administration s'étant faite la complice de la secte envahissante ? Et pour être plus sûr de venir à bout de certaines résistances, l'imagination aidant, on a trouvé l'ingénieux moyen, en remaniant habilement le texte primitif, de faire entrer au grand Conseil, *à côté du pasteur anglais de la Société des Missions de Londres,* les directeurs d'écoles françaises indigènes, parmi lesquels se trouvaient, comme par hasard, M. Viénot.

« On s'imagine là-bas (au Ministère) être en présence d'intérêts élevés alors qu'il ne s'agit que de réalités mesquines qui n'acquièrent d'importance *que par l'immixtion même du pouvoir.....*

« D'ailleurs ce décret qui ne devait être à l'origine qu'un règlement religieux est devenu, dans les mains de ceux qui l'appliquent, une arme politique dont ils ne font usage que pour combattre les vrais intérêts du pays. L'élection de M. N... en est une preuve, car elle a démontré jusqu'à l'évidence, ce que du reste on savait déjà, que les Églises ne sont, en fait, que des circonscriptions de vote, et les temples, des locaux affectés à la distribution des bulletins.

. . . .

« *Le Conseil répond affirmativement.* »

BEAUVAIS. — IMPRIMERIE PROFESSIONNELLE.